AF610976

CODE
PATRIOTIQUE
DE rivalité & d'émulation nationale, pacifique & guerriere.

Considérées, réunies comme principes de l'honneur, de la gloire, de la grandeur des puissances, des gouvernemens respectifs, & du bonheur social.

DÉDIÉ AUX NATIONS.

> Heureux les peuples soumis,
> Dont les ROIS sont les peres.
>
> *L'auteur.*

Par M. FOUROT, citoyen de Besançon, docteur en médecine, médecin à Versailles.

A LONDRES,

Et se trouve à Paris,

Chez tous les libraires de nouveautés;

A Versailles,

Chez M. Gauguery, libraire, au grand escalier de marbre, au Château;

A Besançon,

Chez Métoyer, libraire, grande-rue.

M. DCC. LXXXVIII.

AUX NATIONS.

JE ſoumets cet ouvrage au jugement des nations.

Je le préſente aux puiſſances.

Je l'offre aux dépoſitaires des loix, établis entre les chefs & les ſujets, ils ſont les organes de la juſtice, les protecteurs de la fidélité, de l'amour des peuples.

Je voudrois qu'il fût agréable aux héros vivans des nations belliqueuſes : j'admire leur valeur.

Je le conſacre à la mémoire glorieuſe des héros qui ne ſont plus : leur vertu a été plus qu'humaine.

Aux manes des citoyens pacifiques qui ont ſervis l'humanité.

Je le donne à la jeuneſſe comme une eſquiſſe à perfectionner.

Je le déſigne à l'homme fait comme l'objet de ſes prétentions.

Je l'érige au vieillard comme un monument à ſes mérites.

Je le deſtine au paiſible citoyen que le ſentiment patriotique éleve à la grandeur.

Je te le refuſe égoïſte : je te défends de me lire, de me critiquer. Egoïſte ! monſtre qui n'as d'activité ou de ſoupleſſe que pour dévorer, monſtre qui devroit mourir de confusion devant les transports de l'amour pour le bien public. Mais, que dis-je ! en cas que je tombe sous ta main, égoïste, lis-moi si tu veut, critique-moi toi-même si toutefois tu peux un jour devenir capable de te corriger & de t'élever à de plus nobles inspirations.

Offrant mon ouvrage, & m'unissant aux belles ames qu'excite l'amour du bien général, je m'y dévoue j'usqu'à lui sacrifier ma vie, quand je n'aurai plus que cette ressource à une juste rivalité.

Je rends cette hommage aux hommes généreux, en attendant que je le leur ratifie *par un nouveau contrat social.*

Tous égaux dans notre origine, unis en bons freres, pressés par l'égalité de nos besoins, amis dans le partage nécessaire des dominations, violentés par la loi de destruction, créés pour la même fin, rivaux signalés pour illustrer nos destinées, ne faisons du monde entier qu'une lice d'émulation.

Je suis,

NATIONS BRAVES ET RIVALES,

Avec un très-profond respect,

Votre très-humble & très-obéissant serviteur. FOUROT.

A MONSIEUR LEGRAND,

Chevalier de l'Ordre royal & militaire de St. Louis, Commissaire Ordonateur des guerres de la division de Franche-Comté, à Besançon.

MONSIEUR,

LES devoirs impérieux de mon état ne peuvent me refuser quelques doux loisirs. Hé bien! je crois les mettre à profit; je me délasse agréablement de mes contentions, en m'étudiant moi-même, en méditant les hommes, en m'attachant par goût aux vrais principes du bonheur ſocial. Je commence à préſenter aux nations le petit modele d'un grand travail à perfectionner. Je conçois la flatteuſe eſpérance qu'elles daigneront l'accepter, peut-être l'embellir pour le faire fructifier. En voulant peindre & exprimer à la fois l'émulation, je ſens les défauts de la touche & du coloris à la rendre; je ſçais tout ce que les ſçavans peuvent m'appliquer d'auſſi convenable que le *parturiunt montes* du fabuliſte ingénieux, & d'auſſi judicieux que le *quid dignum ferit hic tanto promiſſor hiatu*; critique juſte, par rapport à l'exiguïté de l'ouvrage. Mais comment l'éviter: je n'écris que d'après moi, & s'il eſt admis comme premiere regle en littérature de ſuivre ſon propre génie, je le fais à coup ſûr dans tous mes défauts, pour apprendre des critiques indulgens le parti que je puis tirer de mon zèle; je recherche les conſeils, & la correction n'a rien d'amèr pour moi, quand elle me dirige au mieux; ſi elle m'outrage, je pardonne avant même que d'en ſentir les traits. Ma foibleſſe ne ſe rebute qu'à la vue des gros volumes, je ne voudrois que de petits ouvrages: quoique je ne m'eſſaie que par de minces productions, je ne ſerai peut-être pas moins répréhenſible de vouloir m'élever, ſans talent propre, à la dignité de mes ſujets. Cependant comme je ne ſuis point affecté, & qu'il ne m'en coûte rien pour me perſuader de ma médiocrité, j'ai oſé dédier mon ouvrage aux hommes pénétrans, au nombre deſquels je déſigne principalement les militaires; j'ambitionne ſingulierement l'honneur extraordinaire d'être agréable aux héros des nations.

Je viens enſuite, Monſieur, par un heureux diſcernement, me retirer dans le ſein de l'amitié, dans votre ſein; âgréez mon ouvrage, gage de ma cordialité. Je ne vous ſurprends pas pour vous déplaire, ne craignez donc pas que je vous prépare des louanges; vous êtes mieux loué par ces hommes plus diſtingués qui vous fréquentent & vous chériſſent avec moi; vous êtes mieux célébré dans les cercles de nos femmes vertueuſes & charmantes, dont vous faites les delices. Vous le ſçavez, Monſieur, l'éclat du vrai mérite n'eſt pas dans les éloges littéraires, ſouvent auſſi faux que l'adulateur qui les prodigue. Je connois votre delicateſſe, vous êtes un de ces hommes rares, qui peuvent ſe paſſer de complimens; ai-je beſoin de créer un ſtyle, ai-je beſoin de décerner des éloges, de réhauſſer le mérite d'une belle ame; quand elle confie, comme la vôtre, Monſieur, le ſoin de ſa gloire à ſes actions. La conſtante tradition qui perpetue le nom & les qualités des amis honorables, eſt parmi nos braves comtois le temple de l'immortalité.

Tous ceux qui vous connoiſſent, me ſçauront gré de l'hommage que je vous rends. Ils me loueront de vous avoir diſtingué parmi les hommes judicieux & vraiment aimables.

Vous connoiſſez mon caractere, l'élévation de mon ame vous plaît; quand vous aurez lu mes vives & juſtes inſpirations, nous porterons nos cœurs dans le cœur de nos compatriotes, nous nous réunirons dans les ſentimens reſpectueux pour toute puiſſance.

Braves comtois, ſi diſtingués par le génie & la valeur militaire, conſervons pour les rois & les princes de leur ſang, conſervons nos cœurs auſſi purs que les lis ſur leſquels ils repoſent; & vous ami délicat, aimez-moi autant que je vous aime.

Je ſuis, avec une amitié inviolable & reſpectueuſe,

MONSIEUR,

Votre très-humble & très-obeiſſant ſerviteur. FOUROT.

PRÉFACE.

L'UNIVERS ne peut être policé par un ſeul gouvernement. L'étendue de la terre, la nature des continens, la différence des conſtitutions inhérentes, pour ainſi dire aux ſols qui les ont vus naître, demandent autant d'égards naturels, ſont autant de preuves qui juſtifient le partage des dominations.

C'eſt préciſément de ce partage entre les nations, conſidéré au phyſique & au moral, que doivent naître des prétentions reſpectives à la rivalité & à l'émulation, pour exceller dans la meilleure forme des conſtitutions ſociales, à laquelle les peuples policés doivent prétendre.

Tous les gouvernemens de la terre, ſi l'on en excepte les états purement monarchiques héréditaires, peuvent être ſuſceptibles de grands troubles & d'innovations. Il eſt à craindre que toutes les loix ſociales, qui n'émanent pas abſolument des trônes, ne ſe rapprochent trop des propenſions vicieuſes des hommes deſireux de participer au gouvernement, & tout ce qui émane de ces propenſions vicieuſes, eſt ſujet comme elles aux fléaux de l'inſtabilité.

Le génie de ma nation me ſollicite, les fortes vérités me preſſent, la rivalité & l'émulation m'élancent.

Sans avoir à démontrer les auguſtes & éternelles maximes qui ſanctifient les trônes, ſans proſcrire la forme des dominations étrangeres, nations, uniſſons-nous dans les communs ſentimens de concourir reſpectivement au bien général de la ſociété ; nées pour former une famille univerſelle, que les nations s'éclairent ſur leurs meilleurs intérêts ! tandis que nous François, déjà éclairés, nous nous efforçons de faire valoir les heureuſes prérogatives de notre gouvernement.

CODE PATRIOTIQUE

De rivalité & d'émulation nationale, pacifique & guerriere.

TOUS les intérêts politiques des nations portent ſur l'alternative de la paix & de la guerre. La paix eſt néceſſaire, la guerre peut être légitime. (*Remarq. I. pag. 27.*) Les devoirs de l'autorité remplis, les forces du gouvernement employées, le concours de la nation, forment en toutes circonſtances un accord de rivalité & d'émulation ; ſource intariſſable de la grandeur des empires & des bonnes inſtitutions ſociales.

En effet, la rivalité nationale eſt un ſentiment patriotique, qui enviſage toute eſpece de ſupériorité perſonnelle & étrangere, comme un objet d'émulation. Les degrés qui élevent à cette ſupériorité, élevent les peuples policés aux degrés de l'honneur, de la gloire, de la grandeur auxquels ils doivent prétendre.

Il en doit être ainsi : le noble sentiment d'émulation tient essentiellement à l'amour de soi-même, & paroît se confondre avec lui. Prenons garde! sçachons le distinguer. Lors même qu'il n'est pas dirigé par la réflexion, il peut atteindre à la supériorité, mais l'orgueil & l'enflure en sont les seuls appuis; ces principes vicieux gâtent & corrompent le plus grand mérite, il dégénere alors en basse jalousie, & voit aveuglément que tout ce qui n'est pas lui, peut l'abbaisser, l'obscurcir ou l'éclipser. S'il s'abandonne sans ressource à cette idée d'avilissement, & qu'il se plonge dans un ignoble quiétisme, il s'opprime lui-même.

Si, aux sollicitations de l'amour propre, il se releve de son humiliation, & que sur cette inspiration l'image du sentiment prévale, à coup sûr le bruit ou l'éclat est encore le seul but qu'il se propose : cette vaine satisfaction ne pourra soutenir long-temps l'ardeur du travail qui conduit aux succès, parce que aussitôt il prend la teinte du vice, en porte le caractere, ne produit que l'audace de l'ambition, & les funestes effets de l'égoïsme (*Remarq. II. pag. 27.*)

Lorsque le sentiment de rivalité est excité par l'amour du bien, il appelle à lui les vertus; il trouve par-tout des alimens pour s'entretenir, des routes pour se produire, des aîles pour s'élever: il s'anime à la vue des difficultés, il brave les obstacles; l'émulation plus heureuse qui le combat, lui donne une sorte d'ame, de souffle & d'ivresse qui l'enflamme. Le motif honnête & vertueux qui le presse, aiguillonne sans cesse ses facultés, il redouble ses efforts; il voit avec plaisir le terme auquel il aspire, & déjà le desir d'y parvenir est une jouissance.

J'écarte de l'idée de rivalité, toute émulation qui n'auroit point de but utile, ou qui ne pourroit produire que le jaloux dépit de se voir surpassé. Les sombres chagrins de la jalousie ne peuvent franchir le cercle du vice, ni s'élever à l'héroïsme.

Je conclus que la rivalité est un sentiment vif, qui saisit le mérite & le bien, s'excite à l'atteindre ou à le surpasser.

Dans le particulier, il développe le talent, attache fortement au pénible travail qui peut l'accroître ou le perfectionner.

Dans une nation, il devient un germe fécond, un enthousiasme toujours agissant, qui, dans la réunion du talent & du mérite, se propose la gloire, & vise à la grandeur (*Remarq. III. pag. 28.*)

Supposons qu'une nation tourne toutes ses inclinations du côté de l'émulation, bientôt elle se verra composée de sujets plus faciles à animer de ce zèle inspirateur, de cette fiere générosité qui mettra de côté l'intérêt personnelle, ou lui préférera la prospérité générale dans la diversité des esprits, des conditions, & dès-lors quelle immensité de connoissances, de découvertes! quelle amélioration dans les institutions sociales! que de trésors! que de richesses! quel éclat ne produira pas, pour le reste de la terre, ce noble feu qui l'enflamme !

Il faudroit fixer son attention sur l'histoire des peuples qui ne sont plus, il faudroit jetter les yeux sur le tableau des vicissitudes qui balancent les nations présentes, & nous verrions par-tout l'excellence des empires naître de l'émulation. Contentons-nous d'indiquer les différens modeles, autant que la forme des gouvernemens peut en supporter l'influence.

PREMIERE PARTIE.

LES beaux modeles de rivalité les plus admirables à perfectionner pour l'intérêt politique des nations respectives, appartiennent aux républiques de Gréce & d'Italie. (*Remarq. IV. pag. 28.*) Le caractere, l'esprit de ces républiques, leurs loix, leurs usages, leurs cérémonies, montrent l'art de gouverner & de faire la guerre ; il n'y a pas jusqu'à leurs préjugés, à leurs erreurs, qui ne soient frappés au sceau de la grandeur.

Quelle république plus rivale & plus grande que Rome (*Remarq. V. pag. 28.*) ? Quelle nation plus sçavante qu'Athenes (*Remarq. VI. pag. 29.*) ? plus vertueuse que Lacédémone (*Remarq. VII. pag. 30.*) ? plus opulente que Carthage (*Remarq. VIII. pag. 31.*) ?

Jouissez, nations, du spectacle que vous offrent les révolutions des empires ; appréciez les événemens (*Remarq. IX. pag. 31.*), élevez-vous à la supériorité, dans les convenances & les possibilités.

ÉMULATION, rivalité pacifique.

LE regne de la paix présente six grands objets d'émulation, la politique, les mœurs, le commerce, les arts, les sciences, les forces de guerre.

C'est aux Rois (*Remarq. X. pag. 31.*), c'est aux puissances de faire servir leurs loix respectives au maintien de l'ordre, de développer toute l'énergie des facultés nationales, de diriger l'intelligence des gouvernemens (*Remarq. XI. pag. 32.*) sur ces justes applications.

Gouvernés par des maîtres justes, les peuples devenus policés par la subordination du droit naturel (*Remarq. XII. pag. 32.*), attentifs aux comparaisons d'un état à un autre, deviendront infailliblement pénétrans.

Pour ne voir qu'en apperçu tout ce que l'utile, l'agréable & l'honnête ont de vraiment digne d'émulation, je me contenterai de prévoir qu'il n'y a rien de plus pénible à acquerir que la science de la politique (*Remarq. XIII. pag. 32.*); elle a ses profondeurs, ses élévations, les travaux immenses qui paroissent les combler & les applanir, n'établissent & ne découvrent que des fondemens trop peu solides pour y élever des monumens à jamais durables. Il ne peut y avoir rien d'absolu dans la politique, si ce n'est peut-être l'habileté qui sçait la varier à propos, & déterminer l'émulation ſur tout. La durée des temps, les circonſtances, peuvent exiger des changemens. La politique appelle néceſſairement tous les ordres des citoyens à l'émulation (*Remarq. XIV. pag.* 33.), elle les y prépare par les mœurs (*Remarq. XV. pag.* 33.) Je vois les nations éclairées dans le ſens moral du bien & du mal, jouir de la félicité dans leurs foyers; je les vois ſe rendre aimables & redoutables au déhors, tout aſſure le bonheur reſpectif, la ſûreté des puiſſances, la force des états, la grandeur desnations.

Si, de nos poſſeſſions domeſtiques, nous pénétrons dans celles du nouveau monde, ne reconnoiſſons-nous pas que l'ingratitude de l'un & l'autre ſol ne peut réſiſter contre l'émulation de l'agriculture. Une portion de terre connue dans ſa nature, façonnée dans les ſaiſons propres, cultivée avec obſtination, devient une ſource intariſſable, qui fournit aux beſoins les plus urgens. Chaque partage d'un continent devient un monde, où la nature, pour livrer ſes tréſors, n'attendoit que la douce violence qu'on lui fait pour recompenſer, avec généroſité, le pénible travail qu'elle exige.

Que ne doit pas le cultivateur à cette émulation conſtante, qui lui mérite des encouragemens, dont le gouvernement ne ceſſe de le combler autant de fois qu'il s'y livre avec ſuccès?

A peine l'agriculture a-t-elle répondu aux eſpérances du laborieux propriétaire, qu'il eſt forcé de s'ouvrir la voie du commerce, pour répandre par-tout le fruit de ſon travail.

Une nouvelle émulation dans le commerce devient un talent national de premiere néceſſité, qui ouvre aux négocians toutes les routes de l'univers, qui anime leur audace à franchir les périls, qui développe leur induſtrie, qui donne la prévoyance. Combien le commerce des mers n'a-t-il pas formé d'intrépides guerriers? Le commerce en tout genre, ouvert aux nations, amaſſe & diſtribue les productions de la terre, profite des arts, inſtruit des lieux, des mœurs, des uſages, des forces reſpectives, & rapportant dans chaque nation des échanges mutuels d'utilité & d'agrément, tendent à reſſerrer les liens de la ſociété univerſelle, établiſſent une circulation de libéralité plus glorieuſe que les jactances nationales ~~parſimonieuſes ou~~ de leur avarice ou de leur opulence.

Une grandeur d'éclat non moins éloquente que les grandes actions, mais plus durable, puiſqu'elle ſert à en perpétuer l'inſpiration, eſt d'élever des trophées aux héros pendant le regne de la paix, de décerner des honneurs aux hommes utiles à la patrie, à ceux même qui, dans les vertus privées, ont bien mérité de leurs concitoyens. Les triomphes, les couronnes, les palmes, ſont, pour tous les âges, les moyens les plus sûrs de porter le génie national aux grandes choſes. En effet, les nations plus ou moins enrichies de trophées & de monumens publics, appellent la jeuneſſe à contempler ces emblêmes des vertus éminentes, remarqueront dans ſon regard avide que le cœur y aſpire. L'homme illuſtré y verra ſon nom au temple de mémoire, la patrie qui décerne avec choix les recompenſes & les honneurs, le citoyen qui en célébre la cauſe & l'effet dans ſes acclamations & dans ſes écrits, font également réfléchir ſur eux une portion de cette grandeur, qui répand de nouveau, ſur toutes les puiſſances nationales, le noble eſſor de l'émulation.

Ainſi, Athénes fut la premiere république qui créa des recompenſes d'état. Rome immortaliſa ſes grands capitaines par ſes triomphes ; elle accorda de grands honneurs aux ſénateurs les plus recommandables ; elle donna les premiers emplois de la république aux citoyens les plus dignes. La France eſt magnifique par les monumens qui font paſſer à la poſtérité les vertus pacifiques & guerrieres de ſes ROIS & de ſes grands hommes, qui ſont autant de témoignage qui démontrent mieux à quelle grandeur ſurprenante toute émulation a droit de prétendre.

Le maintien de l'ordre prépare le bonheur des empires, la politique en eſt l'ame, l'agriculture fournit aux beſoins, la richeſſe eſt le nerf des états, le commerce & les manufactures y apportent l'abondance, les trophées en aſſurent la force ; mais tous ces monumens, frappans par leur ſolidité, ont beſoin de décoration & d'aſſortimens. C'eſt dans l'émulation des productions du génie, faite pour diſtinguer parfaitement les peuples policés, qu'il faut completter l'ornement de ce grand enſemble.

La ſuperbe Rome ne parvint à cette grandeur

d'éclat qui manquoit à ſon empire, que quand Auguſte eut profité des loiſirs d'une longue paix, pour y faire fleurir les beaux arts.

Athénes moins redoutable, mais non moins floriſſante, connut la premiere les avantages de l'eſprit cultivé. Les organes de ſes ſages, les documens dont ſes portiques retentiſſoient, donnoient de l'élévation à toutes les ames; contentoient les délicateſſes, gouvernoient l'eſprit du peuple, inſpiroient toutes les vertus, embelliſſoient tous les talens.

La fameuſe Carthage vit un fils de Roi, Maſiniſſa, venir prendre chez elle des leçons d'éducation. Le Grand Annibal, qui en a fait l'honneur & la gloire en tout genre, cultivoit les belles-lettres, & nous liſons dans Pline & dans Ciceron, que Magon, général fort élébre, n'a pas moins illuſtré Carthage par ſes ouvrages que par ſes victoires. La rivalité trop étendue & trop conſtante de Carthage effraie les Romains: que Carthage ſoit anéantie, dit Caton, Carthage eſt trop grande? *deleatur Carthago.*

Pour faire concourir les arts à la grandeur, fixez les époques de leurs accroiſſemens par les recompenſes de l'émulation, & auſſitôt les pinceaux imitateurs des Michel-Ange, des Raphael, ſe ſurpaſſeront à l'envi; ils s'attacheront à parler aux yeux d'une maniere ſi parfaite, qu'ils exprimeront la nature ſans offenſer les mœurs. L'architecture & la ſculpture, réuniſſant la ſolidité à la délicateſſe, feront mieux connoître l'utilité des édifices, & les objets importans de leur fondation;

ainsi le caractere prononcé des arts, sera intelligible pour toutes les nations, & dans tous les temps, il sera pour l'art & l'artiste un effet de grandeur plus signalée.

Il n'y a pas jusques aux inventions agréables & momentanées des modes, qui n'aient leurs marques de grandeur, lorsque les nouveautés innocentes d'une innocente émulation ne se dégradent point par la frivolité ou l'excès du luxe, & rien ne peut mieux faire ressortir l'aisance des gaietés insinuantes que le goût national des petites jouissances qui plaisent sans occuper.

Si l'on veut encore apprécier l'émulation du côté d'un objet d'utilité indispensable, attachons-nous pour un moment aux succès de l'art de guérir. Combien de conquêtes remportées sur la nature depuis son origine jusqu'à nous. Art de guérir, source intarissable d'émulation, qui fait tourner au profit de l'humanité souffrante, le travail rebutant qui l'acquiert. Précieuse émultation qui, pour intéresser au salut des peuples, réunit pour elle seule plus de recompenses par les bienfaits du souverain, & possede plus de monumens superbes élevés à sa gloire, que n'en ont tous les arts & toutes les sciences ensemble. C'est sur les pas de la nature qu'il faut, dans cet art, faire exceller son émulation, si l'on veut approcher de quelques vérités. Mais, ô nature! à quelle émulation sera-t-il réservé de développer complettement tes énigmes? l'homme passera sans avoir approfondi tes mysteres.

C'est particulierement pendant le regne de la

paix qu'il eſt indiſpenſable au bonheur des empires d'appeller l'émulation de l'éloquence pour dévoiler tous les ſecrets de la perſuaſion, de l'appeller à la connoiſſance du beau, du ſublime, à l'éloge de la grandeur & de la gloire.

Toutes les grandes choſes ont été faites par la puiſſance de la parole, comme les objets de terreur & d'effroi ; elle preſſe les ames en tous ſens, elle force les larmes, les ſanglots, les ſoupirs, à ſe plaindre de la gêne des cœurs.

N'eſt-ce pas pour le triomphe de l'éloquence rivale, dont nos rois ont connu le pouvoir, qu'ils ont élevé des temples au génie, qu'ils y ont ouvert ces ſanctuaires, dont la ſévérité du goût défendant l'héritage des lettres, invite les ſciences, les arts à inſtruire, la philoſophie chrétienne & apoſtolique, à y réformer en maîtreſſe indulgente.

La paix eſt le regne des amabilités de l'eſprit ; ſes nuances ſi variées inſpirent & font revivre les belles actions, dirigées du côté des puiſſances morales, elles les entraînent comme un torrent irréſiſtible.

Les ſiécles de barbarie ont diſparu (*Remarq. XVI. pag. 34.*) ; ne doutons plus de l'empire de l'éloquence. Combien n'a-t-elle pas eu d'action chez les orateurs romains ? qu'elle a de force dans la bouche des Monteſquieu, des d'Agueſſeau, des Séguier ! qu'elle a de préciſion de véhémence dans le gouvernement britannique (*Remarq. XVII. pag. 34.*) Qu'elle a de ſupériorité en badinage & en fineſſe dans le langage des Deshouliere, des

Sévigné, des Genlis (Sillery) ! qu'elle aura toujours d'attraits & de persuasion dans le style des Homere, des Virgile, des Horace ! mais combien n'est-elle pas ravissante, lorsque sans quitter les agrémens de la littérature, sous la plume des Chrisostome, des Léon, des Jerôme, des Augustin, des Huet, des Fénélon, des Fléchier, des Bossuet, des Massillon; elle change les ames, & y fait entrer plus de douleurs consolantes, que les délices de la vie n'y avoient porté de voluptés mensongeres.

Qu'elle détache de la terre cette éloquence, lorsque sans acception des personnes plus simple & plus sublime, l'apôtre des nations les instruit à s'élever au comble de toute supériorité par la foi, foi plus éloquente & plus grande que l'éloquence & la grandeur même.

Dans tous les genres, l'éloquence a une vertu ravissante & enchanteresse, c'est un talisman qui change en or tout ce qu'il touche; l'éloquence fait naître l'émulation de l'émulation même.

Les objets d'émulation varient, se succedent & s'accroissent par les avantages qu'elle procure. Ce qui, pendant la guerre, étoit l'emblême du courage, l'instrument des conquêtes du héros, redevient celui de son adresse & de ses plaisirs pendant la paix. Les travaux multipliés qui lui ouvroient les passages pour aller à la victoire, servent de chemin de sûreté pour le commerce. La même émulation qui a sçu se servir de l'épée, revient se distinguer dans l'art de manier la charrue, la bêche, l'aiguille & le ciseau ; & après avoir brillé dans les foudres de mars, elle reçoit encore les caresses de Minerve.

C'étoit ainsi que les Romains, passant de la guerre à la paix, changeoient d'inspirations sans changer d'activité. La grandeur des terribles vertus guerrieres se rallioit au centre de la grandeur des paisibles vertus patriotiques; tout guerrier devenoit pacifique, tout pacifique ne cessoit d'être guerrier.

C'est l'ouvrage de la rivalité pacifique de se donner des loix avant que d'en donner à ses ennemis. Lorsque la rivalité nationale est parvenue à cette grandeur plus desirable, elle est prête à manifester ses plus nobles ardeurs, & le regne de la paix n'est pas moins destiné à pénétrer les efforts secrets des nations, à se rendre supérieurs à leurs desseins, qu'à se montrer redoutable contre les fléaux des hostilités.

SECONDE PARTIE.

Émulation, rivalité guerriere.

UNE seule voie s'ouvre aux nations pour arriver à la grandeur qui s'acquiert pendant la guerre, *la rivalité.*

Par elle, les rois y arrivent en élevant ou acceptant le signal des hostilités dans la sagesse de leurs conseils; le corps national en répandant l'abondance des subsides; par elle le général y arrive, en se mettant au-dessus de la pénétration de l'ennemi; le soldat y arrive, en prêtant à sa patrie le bras de ſa valeur, en dirigeant ſon courage par l'obéiſſance.

Les efforts ſi différens & ſi multipliés de la rivalité guerriere n'étant, dans les actions héroïques du ſoldat, que l'expreſſion de la rivalité nationale, c'eſt à lui qu'il faut préſenter les moyens d'émulation qui le font exceller dans les nobles & graves occupations des guerriers. Les efforts toujours ſoutenus avec prudence, ſans jamais s'épuiſer, méconnoiſſent la jalouſie dans les chefs, l'inimitié & la timidité dans les ſoldats, l'intrépide émulation marche ſûrement à la grandeur.

Pour y prétendre, toutes les nations belliqueuſes ont compris que l'émulation du guerrier n'étoit pas le goût des bagatelles, qu'un ſcélérat ne pouvoit aller aux coups de meilleure grace qu'un honnête homme. (*Remarq. XVIII. pag. 39*). Que le corps n'étoit pas le ſeul mérite du guerrier; que le courage ménagé offroit plus de reſſource dans une affaire que la précipitation & la fureur; que la bravoure n'étoit pas inſéparable de la ſageſſe, qu'elle vouloit des égards & pour ſoi & pour ſes ennemis. Ainſi le peuple romain fut reſpecté de l'univers autant de temps que ſes armes reſpecterent la vertu.

L'art de vider les différends des nations par la force, de ſe procurer la liberté & la paix par cette reſſource extrême, de veiller à la conſervation des peuples, n'eſt donc point un art où l'eſprit & le cœur ſe ſignalent moins qu'une belle ſtature. Rome produiſit des Marius, dans les faſtes de l'hiſtoire on compte des Fabert, on voit à la tête des armées prussiennes un chef, un soldat, un homme de toute intelligence, & cet homme est un roi (*a*).

La vile partie des nations ne peut s'élever aux grandes actions : c'est à des vertus magnanimes à caractériser l'homme d'élite, un cœur animé peut aspirer à l'honneur de porter les armes, mais il n'est réservé qu'à un esprit mûr & fécond de faire connoître le redoutable emploi de la valeur, qui élevant le citoyen au-dessus de lui-même, en fait un soldat le premier digne de dieu & des hommes.

Afin que le point d'honneur (*Remarq. XIX. pag. 40.*), l'équité, la religion, n'abandonnassent jamais le guerrier ; Gustave Adolphe, l'un des plus sages & des plus vaillans rois qu'ait eu le nord, apprenoit à ses soldats que les vertus militaires étoient toutes chrétiennes ; il comptoit plus sur la modestie d'une sagesse vigilante que sur les forces du corps ; par elle il formoit ses soldats à la discipline militaire, ils s'endurcissoient à la fatigue, ils devenoient patiens dans les travaux, ils se montroient prompts à exécuter ses ordres, ils sçavoient vivre de peu. N'est-ce pas le témoignage de la bonne conscience qui rend inébranlable au milieu des périls ? La mort ne peut faire trembler l'homme de bien.

L'amour de la gloire, le mépris de la mort, l'obstination pour vaincre, la plus tendre humanité

(*a*) L'immortel Fréderic occupoit le trône de prusse, lorsque cet ouvrage a été fait, & j'ajoute au mérite de ce grand roi celui de son auguste successeur.

compatissante avec le plus noble courage, une ame généreuse & par-là plus susceptible de lumiere, plus délicate en sentimens, sont les qualités qui adoucissent les mœurs dans la subordination, qui opposent le courage contre les résistances qui donnent la constance dans les malheurs.

Dans un militaire, l'élévation de l'ame, la vigueur & la santé du corps sont les forces réunies qui ont fait souvent d'un seul homme la base du salut public. Un beau & vertueux spartiate faisoit lui seul le prix d'une alliance. LOUIS XIV. à la tête de ses armées, y fut plus à craindre lui seul, LOUIS XIV. y fit plus de conquêtes que le nombre & la valeur.

Il faut qu'un soldat sçache que pour être aussi grand que le demandent l'intérêt de l'état & sa gloire, il soit lui-même grand en tout & par-tout (*Remarq. XX. pag.* 40.); sa rivalité en aucun temps ne souffre aucune comparaison.

Le défenseur de la patrie doit son premier lustre à l'uniforme qui le distingue, & sans lequel il est moins remarquable, malgré l'élégance de sa taille, & les dehors de son mérite personnel.

Ce que le soldat a de touchant dans ses pratiques religieuses, ce qu'il a de poli & d'affable dans les sociétés, ce qu'il a de brillant sous les armes, inspire l'admiration, l'estime & la crainte.

S'il prie en commun, le ton pénétré & frappant de ses adorations vives, courtes & sinceres, percent le ciel aussi sûrement que les longs & profonds gémissemens

gémissemens humiliés dans le sac, sous le cilice & la cendre.

Si le guerrier adore seul en esprit & en vérité, ou qu'il s'éleve à la foi dans des mouvemens de repentance, il édifie plus que la justice même du cénobite.

Toutes les cérémonies saintes auxquelles le guerrier préside, sont plus imposantes, il rend en quelque sorte la religion plus admirable, il y donne presque l'idée de la majesté divine, il y inspire la componction, il y fait plus de violence à l'impie, que les haillons de la pénitence qu'il méprise, parce qu'il veut en méconnoître l'esprit.

Rien d'aussi gai, d'aussi agréable que le guerrier dans ses loisirs; rien d'aussi aisé d'aussi maniéré dans les contours & les graces : c'est l'enfant de l'amour qui lance les fléches de son carquois.

S'il obéit au commandement, il n'est rien d'aussi fier, d'aussi intraitable, c'est Jupiter armé, qui ne sourit plus à Vénus.

Mais que le soldat est terrible & brillant dans la poussiere des camps ! la grandeur des guerres, le nombre des ennemis, la réputation de leurs grandes vertus, l'éclat de leurs grandes actions, les plus grands événemens servent mieux sa rivalité. Sa plus grande émulation se signale dans le choc des armées, elle s'inspire au moment propice pour des fuites simulées, elle s'accroit dans des retraites honorables, elle se rend aimables par les concef-

B

sions, elle est fiere & menaçante dans ses reprises.

Sur le champ du combat, l'ordre de bataille n'est pas encore disposé, que les ennemis se sont déjà défié de s'empêcher de vaincre ou de mourir. La redoutable rivalité embrase tous les cœurs, le frémissement d'impatience agite tous les rangs, on desire le commandement, il est donné, exécuté, les tourmens de guerre pénétrent, ébranlent, abattent les colonnes. Les colonnes se resserrent, se forment, se soutiennent; ici le feu toujours roulant de la mousquetterie, précipite un plomb mortel (qui n'est pas dirigé à un ennemi de préférence, parce qu'il voudroit les percer tous); mais là, avec plus d'art & de finesse, l'ennemi marche gravement tête haute, & dans la contenance d'une bravoure presque outrageante, suspend son feu, sacrifie une partie de ses forces, pour détruire toutes celles de l'ennemi au moment donné. De toutes parts les fers aiguisés pour les batailles, brillent pour perdre, les glaives ne se ternissent, ne s'amolissent que dans le sang, ils ne s'émoussent qu'en brisant l'ennemi; si d'une part le vaincu magnanime se défend & expire courageusement au lit d'honneur, de l'autre celui qui l'attaque, l'estime, le frappe, le tue, l'admire & le regrette, toutes ces nobles ardeurs transportent les combattans aussi long-temps qu'il faut pour vaincre ou mourir; mais autant de fois que le bras du héros atteint les fugitifs, autant de fois son bras ne les épargne qu'en les faisant passer du massacre au carnage, il continue de vaincre jusqu'au dernier ennemi, ne restât-il qu'un lâche, un héros même à sacrifier. La rivalité guerriere porteroit au-delà des bornes du monde le champ de ses exploits, s'il n'étoit consacré à signaler la grandeur des combattans.

Quelle grandeur pourra égaler une grandeur nationale, légitimement acquise par le sort des combats ; ce sera celle de contempler son ouvrage, d'en plaindre la cause, de pleurer d'honorables vaincus, d'adorer le dieu des batailles, d'aller jouir de ses droits.

Alexandre est rival & vainqueur de Darius, mais après la défaite, Alexandre est rival & vainqueur de lui-même. Alexandre pardonne.

Pour qu'il en soit ainsi, à l'imitation des puissances guerrieres, qui n'ont point méconnu que le culte de la divinité (*Remarq. XXI. pag. 41.*), étoit l'inspirateur & le rénumérateur de la rivalité & des exploits militaires ; victorieux, allez dignement, déployez les drapeaux conquis, suspendez les armes dans le saint temple de la priere ; là, dans le silence des autels, vous entendrez leurs lambeaux flottans prononcer tous vos noms, les cliquetis des épées répéter vos conquêtes ; que l'adoration symbolique de ces dépouilles ravies vous rappellent souvent aux pieds des tabernacles ; revenez ensuite, ralliez-vous à vos drapeaux, là plus heureux que vos chefs, parce que vous leur obéissez, vos chefs déjà aussi heureux que vous, parce que vous les aimez, sans cesse, avec eux, aspirez à l'honneur de la victoire ou du sacrifice amoureux de votre vie, témoignages de rivalité, vraiment militaires, garans immortels de la grandeur des nations, dont vos rois vous ont confié la gloire.

Les retraites honorables ou ſimulées ſurpaſſent en grandeur la rivalité des combats, le ſoldat y eſt adroitement vainqueur de ſon ennemi; mais s'il ne doit pas ſe couronner, parce qu'il ne s'eſt pas contriſté par le ſpectacle des victimes, il peut d'une maniere victorieuſe ſe repoſer à l'ombre des lauriers ſans en avoir enſanglanté la tige (*Remarq. XXII. pag.* 41).

Les trêves, les ceſſions d'armes, permettent à la valeur de ſe fortifier, dans ces délais, pour les propoſitions, pour les conceſſions, pour les repriſes; la rivalité qui fait valoir les prétentions, fait au champ de bataille la gloire & l'honneur des guerriers. Des inſtances ſans être portées à la rigueur, des conceſſions, des échanges, quoique douloureux de la part de l'ennemi qui céde ſans flétrir toutefois la généroſité de celui qui exige, font que celui qui exige, connoit le prix de ſa rivalité, & que celui qui cede, ne l'abandonne pas, ils s'égalent les uns & les autres ſans pouvoir ſe ſurpaſſer.

Dans toutes les différentes agitations des empires, l'accord intime de l'autorité royale, avec la forme conſéquente des gouvernemens & la fidélité des peuples, ſçait mettre à exécution tout ce qui inſpire, tout ce qui donne, tout ce qui développe, tout ce qui ſoutient les plus nobles effets de la rivalité pacifique & guerriere.

S'il peut être admis que l'honneur, la gloire & la grandeur des nations reſpectives portent ſur l'alternative de la paix & de la guerre, il ſera vrai de dire que pour apprécier le ſouverain bonheur, la rivalité pacifique doit leur donner une grandeur plus deſirable que la rivalité guerriere.

En effet, la paix eſt un regne de douceur, c'eſt une rivalité conſervatrice, la guerre eſt une rivalité deſtructive; s'il faut plus de courage à celle-ci, c'eſt pour nourrir ſes fureurs, pour s'éblouir de l'éclat des vertus guerrieres, il faut nager dans le ſang, trop ſouvent l'odieuſe tyrannie a uſurpé la recompenſe du bon droit. Il n'en eſt pas ainſi de la rivalité pacifique, elle eſt dans le ſyſtême de la nature & de l'exiſtence, c'eſt le cri du beſoin, fondé ſur les premiers deſſeins du créateur, la rivalité guerriere l'eſt de part ou d'autre ſur le crime. Si la rivalité pacifique ſe doit à des préparatifs de guerre, elle les deſtine à prévenir les malheurs & non à les donner. La deſtruction des imperfections nationales eſt un monument plus avantageux que la ruine des cités, les mœurs paiſibles ſont les baiſers de la paix, tous ceux qui les reçoivent en ſont heureux; la dévaſtation de la guerre eſt néceſſairement funeſte, & ſouvent nuiſible au meilleur parti; & ſi dans les vertus pacifiques comme dans les vertus guerrieres, il y a de part & d'autres des héros, les héros de la paix valent mieux que ceux de la guerre, la grandeur pacifique a plus de félicité & plus d'attraits que la grandeur que l'on obtient par les hoſtilités.

Cependant le ſuccès des hoſtilités eſt de vaincre dans la gloire ou de mourir dans l'honneur, c'eſt encore ici pour les effets de la rivalité un partage de grandeur, dans lequel on ne doit point méconnoître la plus admirable.

La bonne cause qui met les armes à la main, donne la grandeur, le sort des combats ne peut l'abaisser; un vainqueur injustement heureux doit céder la grandeur au vaincu, & alors les plaintes généreuses du héros de la mort, flétrissent à jamais les lauriers du héros de la vie (*Remarq. XXIII. pag.* 42.)

Quoi de plus! les honneurs du triomphe dont jouit la victoire, font assez connoître qu'ils ne sont pas mérités dans les périls de l'ignominie; s'il est juste d'accorder de la gloire au guerrier, qui, sans devoir pénétrer le secret de son prince, se laisse conduire à la victoire; il est également juste de reconnoître que souvent les morts & les blessés ont conduit au gain des batailles.

Les de Castries, les Ségur, & dix mille autres héros dangéreusement blessés, seront-ils au-dessous d'un vainqueur qui ne porte sur lui aucune preuve de valeur? Les Turenne, les d'Assas, &c. (*Remarq. XXIV. pag.* 43.) seront-ils moins grands que ceux qui, au fort des mêlées, n'ont pas pu mourir. Les Lacédémoniennes accusoient de lâcheté les guerriers qui n'étoient pas blessés; elles ne leur prodiguoient leurs éloges qu'en raison du nombre & de la profondeur de leurs blessures.

La mort même, pour la bonne cause, donne plus de grandeur à la patrie que le vainqueur invulnérable du même parti. Un vainqueur peut vivre trop d'un jour. Les morts percés de coups honorables, les guerriers blessés, n'ont plus besoin de preuve; ils n'ont plus rien à faire, ils ont tout fait. Des blessures profondes, qui mettent hors de combat, ou le tombeau, sont le repos de la rival lité, & le temple de mémoire ne vaut pas l'autedes sacrifices. Nations, des torrens de sang bouillans ou réfroidis par la rivalité légitime, cimentent votre grandeur respective, & lui donnent un éclat plus durable que l'ornement fragile des chars pompeux d'une injuste victoire; & pour être rival, héros justifié pour jamais, il a fallu mourir!

Sans la rivalité tout languit, tout meurt, Rome tombe aussitôt qu'elle cesse d'avoir Carthage pour rivale. Le défaut d'émulation nationale affoiblit les ressorts des états, corrompt les puissances, dénature les gouvernemens, vicie les sujets. Sans une noble émulation les vertus pacifiques ne sont que pusillanimité, la valeur guerriere que le désespoir de la servitude, dans cette extrémité déplorable qui peut anéantir tous les empires, tout devient brigandage dans la paix comme dans la guerre: tout est perdu.

Nations respectives, adoptez la rivalité, que le goût souverain de l'émulation préside à vos enseignemens, invitez la sagesse à vous choisir ses objets, à vous en fixer la fin; car la rivalité, vrai principe de la vraie grandeur, s'éclaire au flambeau de la religion; elle s'y distingue dans le vif éclat de la puissance civile, aussi bien que dans la sage modération de la puiſſance ſacrée, & l'émulation ainſi modifiée arrive sûrement au but.

De la ſeule vertu mon reſpect prend la loi,
Et ne connoît de grand que ce qui l'eſt en ſoi.

C'eſt par ce caractere formé dans les maximes évangéliques de la domination françoiſe, qu'il ne faut pas laiſſer éblouir les nations par l'éclat des grandeurs, & qu'il convient de les prévenir que leur grandeur meſurée, leur honneur & leur gloire, ne ſont après tout qu'une grandeur, un honneur & une gloire de la terre, qui n'ont qu'une lueur paſſagere, ſelon l'eſſence des choſes de la vie; qu'ainſi, pour bien apprécier tout ce que la ſupériorité a de réel dans ſes momens lucides, le travail & l'émulation ne doivent jamais y prétendre qu'en déchirant le voile des deſtinées.

S'il pouvoit en être généralement ainſi, les nations reſpectives, éclairées dans la profondeur & le diſcernement de la vérité, ſe verroient toutes élever à la grandeur éternelle, ſur la baſe variée des grandeurs néceſſaires & légitimes de la terre.

Cependant, ſi, s'écartant de cette direction ſans apprécier d'ici bas la réalité & la figure, ſi, ſans confiance à la raiſon, les nations veulent démentir la loi naturelle, s'oppoſer à la loi écrite, rejetter la loi de grace, leur grandeur n'eſt plus que d'acception, la moins défectueuſe ne ſera qu'une grandeur purement humaine, dont l'effet ſuivra la cauſe (*Remarq. XXV. pag.* 43.)

Mais qui pourra reconnoître & apprécier ici la nature & les conséquences de tant d'émulations scandaleuses, qu'on décore du nom de grandeur, qui séduit les foibles sous le masque qui cache l'ensorcellement des mondanités ?

O France ! ô patrie ! ô royaume de prédilection ! les loix de ton empire t'appellent à la seule religion du seul dieu des nations. C'est la religion qui établit solidement ta morale, perfectionne ton ordre social, rend tes aménités précieuses aux étrangers ; cette auguste religion jette les fondemens de la plus legitime autorité ; elle donne la tranquillité, l'honneur au dedans, l'éclat & la grandeur au déhors ; c'est par ta religion que tu a acquis la connoissance de tes devoirs faciles envers l'être suprême, envers ton roi, envers ton gouvernement, envers toi-même.

François sociables & religieux, nation chérie dont le nom est un éloge, peuples aussi distingués, amis & défenseurs du pouvoir monarchique héréditaire, venez confondre ici vos cœurs avec le mien ; & tandis que nous, généreux François, nous porterons aux pieds de LOUIS XVI. la fidélité & l'amour, nations étrangeres volez au trône de vos puissances, là animés, s'il vous est possible comme nous, donnons-leur à l'envi les témoignages de nos affections, offrons leurs les hommages de notre émulation & de notre grandeur respectives.

Nations, nations, ma voix qui vous convoque, est la passion déclarée de mon ame embrasée d'amour pour les ROIS.

Crions à l'imitation aux races futures, qu'elles tendent aux meilleures inſtitutions politiques ; qu'elles ſe dirigent ſur les convenances d'une rivalité ſagement émule ; qu'elles ſe ſuccédent par une grandeur d'excellence, juſqu'à ce que les ſiécles ne ſoient plus.

REMARQUES.

REMARQUE Ire. pag. 1re. de l'ouvrage.

LE regne de la paix est nécessaire pour l'existence des nations. C'est pour jouir paisiblement de leurs destinées, que l'universalité des êtres concourent à leur bonheur. La tranquille jouissance des possessions, les délices du cœur & de l'esprit, sont créés pour les hommes pacifiques. Les guerres sont des calamités nécessaires à souffrir; la raison éclairée en découvre la source, parce que toutes les nations ont compris qu'il étoit du droit des gens de résister au prix de sa vie contre les prévarications étonnantes des cupidités. En guerre, la charité prend le nom de justice; il lui faut ce caractere légitime pour faire échouer la pénétration de son rival, vérifier ses faussetés, ruser ses ruses, surprendre ses surprises, simuler sa dextérité pour le perdre dans tous ses desseins. L'esprit pacifique du christianisme ne proscrit que le crime, nul précepte de l'évangile ne ravit le droit naturel d'une juste défense. L'art des exploits militaires, si varié dans les positions, si dépendant des attentions & des surprises, rend légitimes & nécessaires toutes les précautions que la force, que l'adresse, que la ruse, que le secret, peuvent employer pour se rendre supérieur à son ennemi.

REMARQUE II. pag. 2. de l'ouvrage.

LA rivalité est le principe de la grandeur des nations respectives. La grandeur à son tour détermine à plus de rivalité & la soutient. Ces puissances se prêtent une force mutuelle. On peut considérer la rivalité comme un appui & une base sur lesquels s'éleveroit superbement la grandeur, pour confondre toutefois avec elle sa base, son appui & l'art de sa beauté.

REMARQUE III. pag. 3. de l'ouvrage.

DANS un diſcours couronné à l'académie de Beſançon, en 1780, l'auteur a démontré les funeſtes effets de l'égoïſme. Ce chef-d'œuvre d'une éloquence rapide, & d'une connoiſſance très-approfondie dans la politique, eſt le tableau parlant de toutes les ames vénales, qui ſacrifient le bien général ou particulier à leurs intérêts perſonnels. Je conſeille la lecture de cet excellent ouvrage à tous ceux qui ſont fatigués par les propenſions vicieuſes de l'amour propre.

REMARQUE IV. pag. 4. de l'ouvrage.

ROME, Carthage, Athénes, Lacédémone, avoient pour principe de l'amour patriotique, la rivalité. Rivalité étoit le mot de ces républiques; elles ſe juſtifioient par elle l'idée d'indépendance & de liberté, ſelon le génie & le goût oppoſé de leurs propenſions. Rivalité ſelon elle étoit une pénétration humaine digne des dieux, la conſervation de leurs cultes religieux, l'appui de leurs loix, l'eſſence de la dignité, de la grandeur nationale. La rivalité dans les deux ſexes opéroit, depuis l'enfance juſqu'à la décrépitude, des ardeurs heureuſes & inſatiables. Ce cri redoutable, rivalité, étoit comme un feu ſacré qui embraſoit toutes les puiſſances; la rivalité leur inſpiroit tout, elle ſupportoit tout, elle eſpéroit tout, exécutoit tout.

REMARQUE V. pag. 4.

A dater de l'époque à laquelle les romains, aſſez enrichis du mérite de leurs alliés, & des grandes qualités des peuples conquis, connurent les premiers ſuccès de la rivalité; ils ſe déclarerent les rivaux du monde entier. Les romains imiterent tout ce qu'ils connurent de mieux; ils ſe ſurpaſſerent eux-mêmes en tout ce qu'ils adopterent. Ce penchant violent à l'émulation, fut une loi pour eux de proſcrire toute infériorité, pour adopter les meilleurs uſages, les meilleures armes, les meilleures manœuvres de guerre. Rome avoit confondu ſes louables deſirs avec ſes fureurs effrénées de rivalité, Rome étoit avide de boire le ſang de tous les rois, Rome fouloit orgueilleusement les cendres opprimées de ses vaincus, Rome n'avoit plus rien à desirer, Rome avoit des desirs; & si cette superbe rivale de l'univers, pour laquelle le monde entier paroissoit resserré dans des bornes trop étroites, eût pu s'arrêter à ce terme où sa grandeur commença à être démesurée, Rome nous eût laissé elle seule ce que l'on doit chercher à imiter dans les autres gouvernemens.

REMARQUE VI. pag. 4.

ATHÉNES eut une rivalité moins oppressive & plus attrayante que celle de Rome. Fiere de sa prétendue origine, jusqu'à se croire fille aînée de la terre, ce fut d'après cette vanité ridicule qu'elle enfanta tous ses systêmes politiques. Elle fut la plus grande des républiques par l'élévation de l'esprit; cependant il y a apparence qu'elle ne se courba pas en tout vers la terre, cette mere adoptive, puisqu'elle chercha à se détacher de la matiere par le bon usage de l'intelligence. Athénes connut la premiere l'influence des productions du génie, pour distinguer l'homme & faire parvenir les nations à toute la grandeur à laquelle elles peuvent s'élever à l'aide de ces prérogatives; aussi son amour pour l'éloquence l'a-t-elle fait appeller à juste titre la patrie des sciences & des arts; c'est dans Athénes que les sçavans de tous les siécles iront à jamais puiser des leçons de goût & de perfection, dont Démosthéne, Aristote, & avec eux Quintilien, ont donné en premiers maîtres des regles invariables. Cette république, ambitieuse de se signaler par tous les avantages qui lui paroissoient conduire à l'immortalité, apprécia les arts & l'industrie. Cependant l'éloquence d'Athénes, qui sçavoit exprimer les vertus de modération, ne rendit point ses orateurs insensibles aux dignités de la république; l'ambition plus aisée à sentir qu'à rejetter, la vertu plus facile à louer qu'à suivre, ont souvent mérité aux Athéniens le reproche que leur morale excellente n'étoit point soutenue par l'exécution. La richesse, la concision significative de son idiome, qui ne peut être rendu en langues étrangeres que par des longueurs qui en énervent la force & la sagesse d'Athénes, invitent les nations à l'imitation, lorsqu'on les réunit aux mœurs agiſſantes de Lacédémone, nation charmante qui, dans ce qu'elle appella avec confiance vertu patriotique, aima mieux la pratiquer que de la définir.

REMARQUE VII. pag. 4.

SANS doute on reprochera à Lacédémone d'avoir profané le lit conjugal; la tolérance du vol dans l'éducation de la jeuneſſe, aura ſes détracteurs, & les filles obligées par la loi de l'état à danſer en public avec les garçons, dépouillées des vêtemens qui ſouvent décident les paſſions avec plus d'art que l'impreſſion des organes, ſeront auſſi accuſées d'indécence pour ne rien dire de plus. Mais ſi l'on veut bien juger du ſiécle de Lacédémone, on appréciera ſes mœurs, & on verra que l'infidélité conjugale étoit une licence qui ne portoit que ſur le principe de l'amour patriotique, & c'étoit lorſqu'un plus bel homme qu'un époux promettoit à l'état un ſujet mieux conſtitué. La paſſion criminelle fut rarement l'impreſſion dominante ſur le motif de la tolérance; la fornication y étoit punie rigoureuſement, & jamais l'impunité à Lacédémone n'a lâché les rênes aux crimes. Le vol étoit permis pendant le temps de l'éducation de la jeuneſſe, ce n'étoit que pour l'exercer à la dextérité & à la ſoupleſſe, on ſe bornoit à des choſes de la moindre conſéquence, au-delà deſquelles le larcin étoit puni; & les jeunes gens qui étoient aſſez mal-adroits pour ſe laiſſer ſurprendre en furetant, étoient châtiés comme d'un vice d'inhabileté. Un enfant vola un renard qu'il avoit caché dans ſon ſein, il fut ſurpris, il eut la conſtance de ſe laiſſer déchirer le ſein, plutôt que de laiſſer appercevoir ſon vol; & je dirai, pour juſtifier Licurgue, le plus pénétrant des légiſlateurs qui ait accommodé les loix de l'état au caractere national, que ſi les filles parurent avec les garçons dans les danſes publiques, parées ſeulement de leurs graces naturelles, Licurgue voulut raſſaſier les yeux pour épargner les cœurs. Toutes les loix de Lacédémone ne reſpiroient que la vertu dominante de l'amour de la patrie, ſous la double inſpiration d'éviter les ſuites de la propenſion des ſens, & d'appeller la nation aux vertus guerrieres. Je me bornerai à remarquer que la tempérance des tables prépara les Lacédémoniens à l'obſervance de cette loi; les débauches furent bannies des tables par les repas publics, & c'est ce qui fut cause que l'art de guérrir ne put s'introduire que sous le nom de sobriété (*plus gula quam gladius*). Licurgue fit adorer les dieux de la république, sous l'emblême des vertus guerrieres. Le dieu du vin dans Sparte ne portoit plus sur son visage les traits surchargés de la débauche; on lui avoit arraché le tyrse de la main pour y substituer un dard. Vénus elle-même ni fut plus la déesse des sollicitudes amoureuses; fierement armée d'un trait guerrier que le législateur substitua au myrthe de ses conquêtes, le séduisant de son caractere martial inspira mieux la nation, mérita à la déesse plus d'adorateurs à Lacédémone, qu'elle ne comptoit de vils efféminés à Cythere.

REMARQUE VIII. pag. 4.

L'ÉMULATION dans le commerce fût, à proprement parler, l'occupation de la fameuse république de Carthage. Les loix de son gouvernement étoient fondées sur une prévoyance infinie; c'est pourquoi Aristote met cette république au nombre de celles qui étoient les plus estimées de l'antiquité, & qui pouvoient servir de modele aux autres : si le commerce fut la source de ses richesses, de sa puissance, de son crédit, si elle porta son nom jusqu'aux extrémités de la terre, si elle mérita l'inimitié de Rome par sa rivalité commerçante, & par mille autres belles qualités; la science, comme j'aurai occasion de le dire dans la suite, ne fut point bannie de Carthage.

REMARQUE IX. pag. 5.

L'HISTOIRE des révolutions des empires, cette fertile récolte toujours mûre, toujours naissante, toujours variée, toujours nouvelle, doit être l'étude des puissances, principalement de celles qui gouvernent & qui ont à cœur de s'instruire sur les meilleurs intérêts des peuples.

REMARQUE X. pag. 5.

IL n'appartient qu'à dieu de faire la leçon aux rois, &

il est réservé aux sujets d'attendre des maîtres du monde les oracles de sagesse. Le dieu qui donne les rois selon son cœur (*a*), leur imprime un caractere qu'il ne communique qu'aux chefs des empires. Sacrés au nom du dieu qui fait de l'homme un roi, par-là trop au-dessus, trop distingués des nations, je ne puis, sans commettre un crime, les abaisser à l'unisson de la multitude. Les rois éclairés d'en haut peuvent apprécier l'ordre social, & toujours soumis aux loix constitutionnelles des états, les rois peuvent apprécier les convenances de rivalité, par lesquelles ils jettent les fondemens de la grandeur royale, sans laquelle la grandeur nationale n'a plus d'existence.

Remarque XI. pag. 5.

Le gouvernement est la maniere dont la souveraineté s'exerce dans chaque état ; il est le dépôt de la politique, la puissance exécutrice de la Loi civile, le centre de réunion d'où revient & où se reporte tout ce qui concourt à l'ordre social.

Remarque XII. pag. 5.

La sagesse qui préside à l'ordre du monde, ne pouvoit rien établir de plus favorable pour les grandes sociétés, que la subordination, puisque la subordination fait les peuples policés. Les meilleures maximes que le bon sens puisse dicter dans toutes les constitutions de gouvernemens possibles, c'est de convaincre les nations respectives que la subordination est un ordre d'unité, qui est comme le vœu général de tout ce qui respire, les êtres s'unissent par une chaîne de dépendance réciproque. Cette vérité assez démontrée, assez sentie, est la surabondance des preuves qui justifient l'inégalité parmi les hommes.

Remarque XIII. pag. 5.

La politique est la science de gouvernement de faire le bien par le mal même qu'elle ne peut détruire, qu'elle

(*a*) *Per me reges regnant.* Prov. 8. 5.

cherche

cherche à corriger en voulant que les bons citoyens ne se laissent point entraîner à la corruption, & que la corruption même serve à rappeller les méchans. La politique n'oublie jamais qu'elle gouverne des hommes; sa tolérance sociale, en ménageant, les foiblesses humaines, ne vange que les atrocités & les licences criminelles; ainsi que le législateur, elle pardonne, parce qu'elle a droit de pardonner. Censeurs outrés, citoyens dépravés, qui méconnoissez l'esprit de vos propres affaires, & qui portez des regards perçans & criminels sur l'administration, en connoissez-vous les difficultés & les écueils, vous raisonnez sur l'administration publique, selon l'impression orgueilleuse de votre ignorance. Ah! si du rang obscur dans lequel vous êtes heureusement plongés pour le bonheur des hommes, nous vous voyions appellés au gouvernement; votre zèle le plus ardent pourroit-il vous garantir de l'esprit de vertige, dans lequel vous entraîneroit le torrent des affaires, si, avec ce zèle même, vous n'étiez doué d'une pénétration digne d'approcher des secrets des puissances, dont dieu laisse échapper quelques dons qui sont réservés à ceux qu'il destine à soutenir avec elles les rênes de l'état?

REMARQUE XIV. *pag. 6.*

La consanguinité qui est élevée aux degrés de noblesse, selon qu'elle s'approche de la génération des rois, ou que les faveurs insignes du souverain accordent la noblesse comme une premiere recompense d'état, doit avoir une émulation politique. La rivalité qui maintient chaque ordre de la société, fait une distinction générale, qui forme deux grandes classes, les grands & les petits. Ils contribuent singulierement à la grandeur nationale, lorsque la supériorité & l'infériorité ne sont pas respectivement abusives; il suffit que les grands jaloux de la prééminence rendent à leur inférieur ce que le souverain aime à leur rendre à eux-mêmes, & que les petits, sans se méconnoître, chérissent la noblesse, si précieuse à l'état, en lui accordant les hautes déférences qui approchent de la soumission & de l'amour que la noblesse rend au souverain commun.

REMARQUE XV. *pag. 6.*

Je renvoie absolument à la lecture d'un discours qui a

remporté deux prix d'éloquence au jugement de l'académie de Besançon, & auquel le jugement du public auroit pu en accorder mille; ce discours qui prouve combien le respect pour les mœurs concourt au bonheur d'un état, convient singulierement au sujet que je traite; que la grandeur est-elle pout un état, si elle n'y apporte le bonheur? Je rends hommage à M. de Moy, curé de saint Laurent, à Paris, & à la supériorité de ses lumieres; c'est dans son ouvrage qu'il faut chercher l'explication de mon principe; on trouve dans son ouvrage le développement des moyens d'arriver à la grandeur par l'influence des mœurs; l'ouvrage de M. de Moy est d'un mérite infini, & le mérite du mien n'est gueres autre que celui d'adopter irrévocablement ses justes opinions.

REMARQUE XVI. pag. 11.

PARMI les nations policées nous ne comptons plus que les Turcs & aussi quelques peuplades qui s'obstinent dans l'ignorance. La religion de Mahomet proscrit toute espece de science, & c'est ce qui prouve que la religion entraîne tout dans les empires. Que ne pourroit pas la religion catholique? Le religionnaire asiatique a trop bien compris que les destinées des gouvernemens étoient attachées aux révolutions de l'éloquence & des mœurs, & que bornant par un culte religieux le regne de l'imagination & de la pensée, il conserveroit l'empire de ses erreurs répugnantes sur la destruction des plus grands moyens & des plus puissans, pour perfectionner les institutions religieuses & politiques, c'est la désolante proscription des sciences dans ce gouvernement, qui appelle la fatalité pour donner la sanction aux funestes excès qui le désole dans ses constitutions légales.

REMARQUE XVII. pag. 11.

TOUT gouvernement est trop digne d'éloge, lorsqu'il se livre à la belle inspiration de la rivalité. C'est une des grandeurs de la rivalité guerriere françoise de sçavoir tuer l'ennemi de sa patrie, de mourir de sa main, percé de coups honorables, & de l'accueillir pendant la paix, de rechercher & d'aimer en lui toutes ses vertus pour les surpasser. L'homme vraiment anglois a des droits acquis aux déférences. L'éloquence qui inspire les zélateurs de la patrie dans la rivalité, est aussi propre à soutenir leurs grandes prétentions que le courage du défenseur de Gibraltar. Si les ennemis de la nation françoise qui se font ombrage de sa rivalité & de sa grandeur, n'étoient ni éloquens ni braves, ils seroient indignes d'elle. Quoique mon intention ait été, dans ce petit ouvrage, de n'écrire que d'après mes inspirations, cependant il est très-convenable de citer ici ce que Voltaire a pensé de l'émulation, dans son épître dédicatoire de la tragédie de Zaïre à M. Fakener, marchand anglois, depuis ambassadeur à Constantinople. Reprenons la citation d'un peu haut: Voltaire y console les auteurs studieux exposés à la critique, & c'est précisément la réponse que je donne par avance à ceux qui pourront me reprocher de n'avoir pas assez développé mes idées, & qui croiront pouvoir persuader que le sujet ne valoit pas la peine de prendre un ton si haut pour ne présenter que des principes.

» Plus d'un éplucheur intraitable
» M'a vétillé, m'a critiqué;
» Plus d'un railleur impitoyable
» prétendoit que j'avois croqué,
» Et peu clairement expliqué
» Un roman très-peu vraisemblable,
» Dans ma cervelle fabriqué,
» Que le sujet en est tronqué,
» Que la fin n'est pas raisonnable;
» Même on m'avoit pronostiqué
» Ce sifflet tant épouvantable,
» Avec quoi le public choqué
» Régale un auteur misérable;
» Cher ami, je me suis moqué
» de leur censure insupportable,
» J'ai mon drame en public risqué,
» Et le parterre favorable,
» Au lieu du sifflet m'a claqué.
» Des larmes même ont offusqué
» Plus d'un œil, que j'ai remarqué
» Pleurer de l'air le plus aimable,
» Mais je ne suis point requinqué
» Par un succès si desirable;

» Car j'ai comme un autre remarqué :
» Tout les *déficit* de ma fable,
» Que pour former un œuvre parfait,
» Il faudroit se donner au diable,
» Et c'est ce que je n'ai pas fait.

» Je n'ose me flatter que les Anglois fassent à *Zaïre* le » même honneur qu'ils ont fait à *Brutus* » (M. de Voltaire s'est trompé, on a traduit & joué Zaïre en Angleterre avec beaucoup de succès), » dont on a joué la traduction sur le » théatre de Londres. Vous avez ici la réputation de n'être » ni assez dévots pour vous soucier beaucoup du vieux » *Lusignan*, ni assez tendre pour être touchés de *Zaïre*. Vous » passez pour aimer mieux une intrigue de conjurés qu'une » intrigue d'amans. On croit qu'à votre théatre on bat des » mains au mot de patrie, » (je n'ai jamais prononcé, je n'ai jamais écrit, je n'ai jamais entendu ce beau mot patrie, sans éprouver dans mon ame de la douceur, de l'élévation & du zèle; fiers Anglois, vous êtes dignes de l'estime de toutes les nations, le noble amour de votre patrie vous confirme le nom de grands, celui de fiers, celui de braves. Je vous aime en paix, je serois jaloux de vous combattre en guerre, je suis fâché que mon insuffisance & ma destinée me bornent à vous admirer en tout), » & chez nous à celui » d'amour ! cependant la vérité est que vous mettez de » l'amour comme nous dans vos tragédies ; Si vous n'avez » pas la réputation d'être tendres, ce n'est pas que vos héros » de théatre ne soient amoureux ; mais c'est qu'ils expriment » rarement leur passion d'une maniere naturelle. Nos amans » parlent en amans, & les vôtres ne parlent encore qu'en » poëtes.

» Si vous permettez que les François soient vos maîtres » en galanterie, il y a bien des choses, en recompense, » que nous pourrions prendre de vous. C'est au théatre » anglois que je dois la hardiesse que j'ai eue de mettre sur » la scène les noms de nos rois & des anciennes familles du » royaume. Il me paroît que cette nouveauté pourroit être » la source d'un genre de tragédie qui nous est inconnu » jusqu'ici, & dont nous avons besoin. Il se trouvera sans » doute des génies heureux, qui perfectionneront cette idée » dont *Zaire* n'est qu'une foible ébauche. » (voici plus particuliérement le trait qui a rapport à l'émulation). » Tant » que l'on continuera en France de protéger les lettres, » nous aurons assez d'écrivains. La nature forme presque » toujours des hommes en tout genre de talent; il ne s'agit » que de les encourager & de les employer. Mais si ceux » qui se distinguent un peu, n'étoient soutenus par quelque » recompense honorable, & par l'attrait plus flatteur de la » considération, tous les beaux arts pourroient bien dépérir » un jour au milieu des abris élevés pour eux. Ces arbres » plantés par *Louis XIV.* dégénéreroient faute de culture; » le public auroit toujours du goût, mais les grands maîtres » manqueroient. Un sculpteur, dans son académie, verroit » des hommes médiocres à côté de lui, & n'éleveroit pas » sa pensée jusqu'à *Girardon* & au *Pujet;* un peintre se con- » tenteroit de se croire supérieur à son confrere, & ne » songeroit pas à égaler le *Poussin.* Puissent les successeurs de » Louis XIV. suivre toujours l'exemple de ce grand Roi, » qui donnoit d'un coup d'œil une noble émulation à tous » les artistes! il encourageoit à la fois un *Racine* & un » *Van-Robais*.... il portoit notre commerce & notre gloire » par-delà les indes; il étendoit ses graces sur des étrangers » étonnés d'être connus, & recompensés par notre cœur. » Par-tout où étoit le mérite, il avoit un protecteur dans » Louis XIV.

» Car de son astre bienfaisant,
» Les influences libérales,
» Du Caire, au bord de l'occident,
» Et sous les glaces boréales,
» Cherchoient le mérite indigent.
» Avec plaisir ses mains royales
» Répandoient la gloire & l'argent,
» Le tout sans brigue & sans cabales.
» Guillelmini, Viviani,
» Et le céleste Cassini,
» Auprès des lis venoient se rendre;
» Et quelque forte pension
» Vous auroit pris le grand Newton,
» Si Newton avoit pu se prendre.
» Ce sont-là les heureux succès
» Qui faisoient la gloire immortelle

» De Louis & du nom François.
» Ce Louis étoit le modele
» De l'Europe & de vos Anglois.
» On craignit que par ses progrès
» Il n'envahît à tout jamais
» La monarchie universelle,
» Mais il l'obtint par ses bienfaits.

» Vous n'avez pas chez vous des fondations pareilles aux » monumens de la munificence de nos rois; mais votre » nation y suppléée. Vous n'avez pas besoin des regards du » maître pour honorer & recompenser les grands talens en » tout genre. Le chevalier *Steele*, & le chevalier *Van-* » *Brouk*, étoient en même temps auteurs comiques & » membres du parlement. La primatie du docteur *Lillotson*, » l'ambassade de M. *Prior*, la charge de M. *Newton*, le » ministere de M. *Addisson*, ne sont que les suites ordi- » naires de la considération qu'ont chez vous les grands » hommes. Vous les comblez de biens pendant leur vie, » vous leur élevez des mausolées & des statues après leur » mort; il n'y a pas jusqu'aux actrices célebrent qui n'aient » chez vous leur place dans les temples à côté des grands » poëtes.

» Votre Ofilds (*a*) & sa devanciere,
» Bracegirdle, la Minaudiere,
» Pour avoir sçu, dans leurs beaux jours,
» Réussir au grand art de plaire,
» Ayant achevé leur carriere,
» S'en furent, avec le concours
» De votre république entiere,
» Sous un grand poële de velours,
» Dans votre église pour toujours,
» Loger de superbe maniere.
» Leur ombre en paroît encore fiere,
» Et s'en vante avec les amours:
» Tandis que le divin Moliere,
» Bien plus digne d'un tel honneur,

(1) *Fameuse actrice mariée à un Seigneur d'Angleterre.*

» A peine obtint le froid bonheur
» De dormir dans un cimetiere,
» Et que l'aimable Lecouvreur,
» A qui j'ai fermé la paupiere,
» N'a pas eu même la faveur
» De deux cierges & d'une biere,
» Et que Monsieur de Laubiniere
» Porta, la nuit par charité,
» Ce corps, autrefois si vanté,
» Dans un vieux fiacre empaqueté,
» Vers le bord de notre riviere.
» Voyez-vous pas à ce récit,
» L'amour irrité qui gémit,
» Qui s'envole en brisant ses armes,
» Et Melpomène toute en larmes,
» Qui m'abandonne, & se bannit
» Des lieux ingrats qu'elle embellit
» Si long-temps de ses nobles charmes.

. . . .

» . . . . . C'est toujours sous les plus grands princes que » les arts ont fleuri, & leur décadence est quelquefois l'é- » poque de celle d'un état. L'histoire est pleine de ces exemples. Je me permets d'ajouter que l'esprit qui s'éleve dans l'art de plaire au détriment de la pureté févere des mœurs de l'auguste christianisme des François, n'est pour son gouvernement qu'une jouissance frivole. L'émulation des théatres, Voltaire, ne mérite pas les recompenses de l'état. Les loix de notre heureuse monarchie veulent que la grandeur de son empire soit de ne jamais déroger à sa dignité; elles se contentent de tolérer le mérite qui se borne à un mal nécessaire; elle n'éleve des triomphes qu'aux personnages justement célebres dans les principes de son gouvernement.

REMARQUE XVIII. pag. 14.

LA discipline militaire a souvent rappellé un esprit égaré & indocile, souvent elle en fait un homme de mérite, un brave; mais toi, cœur pervers, toi, jeune insensé, qui méconnoit la sagesse qui préside aux vertus militaires, qui croit que le premier pas pour aller aux armes, est de désobliger une famille, de contrister les auteurs de tes jours, de trahir la coupable crédulité qui s'étoit livrée à toi par un malheureux attachement, oses-tu donc penser que servir ton roi & ta patrie, c'est l'échapper des regards de la divinité. Ah ! jeune insensé, en violant les droits sacrés de la nature & de l'honneur, en oubliant dieu, en outrageant la société, tu t'outrages toi même. Dis-moi comment porteras-tu le joug si pénible d'un nouveau genre de soumission, exacte & réguliere, toi qui a secoué la plus douce obéissance à la nature, ne t'y trompe pas, tu voles au supplice ? La gloire des armes est de venger la société en perdant les méchans ; tu seras châtié, banni, méprisé des ordres respectables de la valeur, & peut-être, comme il n'est que trop fréquent de le remarquer, le crime même, indigné de tes forfaits, te livrera aux derniers & éternels opprobres de la vie.

REMARQUE XIX. pag. 15.

L'HONNEUR sera toujours en singuliere recommandation dans les armées françoises. Le point d'honneur dans le militaire, considéré seulement comme un motif déterminant à venger toute insulte, doit y être réglé par l'effet de la charité ou de la justice contre l'offense. Toujours & plus encore le point d'honneur, est de pardonner & de souffrir même avec éclat, si tous ses moyens sages de justifications sont condamnés ou rejettés. En vérité, en vérité il n'est point de motif d'intérêt ou de préjugé qui puissent l'emporter sur le sacrifice douloureux, même qu'exigent les vérités fondamentales de la religion. Le respect humain, l'attachement aux avantages insidieux de la renommée, sont le tombeau du point d'honneur, & je n'appelle pas point d'honneur cette vengeance personnelle, cette réputation que l'on poursuit la flamme & le fer à la main.

REMARQUE XX. pag. 16.

C'EST pour caractériser d'un seul mot le soldat courageux, & exprimer ses belles actions, que le nom de héros a été inventé. C'est pour sanctifier les batailles que dieu s'est dit le dieu des armées. Vous êtes des dieux, a dit dieu même aux rois de la terre, les rois seroient-ils des dieux s'ils s'ils n'étoient des héros...... Dans combien de genres d'émulation le guerrier n'a-t-il pas excellé avant qu'il prétendît acquerir la grandeur à sa patrie par le sort des combats. Jamais le courage du guerrier ne peut marcher d'un pas égal aux délires du libertinage. La vertu seule est capable d'une belle & constante émulation. Que de violens efforts un guerrier n'a-t-il pas à faire sur soi-même. Pour se rendre cher à sa patrie, il rompt les liens de la nature & du sang, il brise la chaîne des cœurs, il sacrifie les unions les plus cheres des délices de la vie. Le fils oublie le bonheur d'une destinée paisible pour aller à la gloire, l'époux fidele s'arrache des bras de sa chaste épouse. Le pere oublie les cris de la nature. Au milieu des combats, il n'y a ni fils, ni époux, ni parent, ni pere; souvent même une femme, une amante, dont le sexe est inconnu, n'y est ni épouse ni mere ni maîtresse, au champ de bataille, tout brave devient à la fois héros, autel, victime & sacrificateur.

REMARQUE XXI. pag. 19.

VOLTAIRE l'a dit lui-même, la sagesse préside au courage. Tout préjugé avantageux aux loix des nations respectives, exige des considérations, c'est ce que l'on peut appeller en quelque sorte le droit des gens. Toutes les histoires des guerres font mention que les chefs, avant que de hasarder les batailles, & après les avoir gagnées ou perdues même, n'oublioient jamais de sacrifier aux dieux, & de chercher à encourager le soldat par de favorables auspices. La plûpart des grands hommes parmi les nations, comme l'a remarqué un auteur militaire & chrétien, pensoient-ils plus avantageusement de l'idolâtrie que nos prétendus esprits forts ne pensent du christianisme? Non, une pratique extérieure faisoit toute leur religion. A mon avis, l'accord unanime de toutes les nations qui sont sous le ciel, prouve que la religion, quelque dénaturée qu'elle soit dans la différence des sectes, est d'inspirer à l'homme des sentimens dignes de son être.

REMARQUE XXII. pag. 20.

LA retraite des dix mille Grecs, les Fabius, les Wasingthon, les guerriers de toutes les nations, ont donné des preuves des retraites victorieuses. La retraite simulée de M. le maréchal de Broglie, dans la campagne d'Hanowre, égale tout ce que nous pouvons admirer dans la finesse, la pénétration, le Jugement & la valeur d'un général qui sçait ménager tout pour le moment propice à la gloire de sa nation, & pour la surprise accablante de l'ennemi.

Dans la campagne de 1762, M. le maréchal de Broglie campé sous Cassel, à la nouvelle que le prince Ferdinand marche sur lui, leve son camp, retranché au grand étonnement de l'armée françoise, laisse le comte de Broglie son frere dans la place avec 2000 hommes, se retire sur Marpug, ayant en queue les ennemis. Arrivé sur ce poste, il fait volte-face, attaque les ennemis déjà très-fatigués d'une marche longue & pénible, les mene battant beaucoup plus vîte qu'ils ne l'avoient suivi avec grande perte de leur part.

Dans cette circonstance, le jeune marquis de Bouillé, âgé de 24 ans, & placé par M. le maréchal de Broglie, qui découvroit déjà dans lui les talens militaires, qu'il a si avantageusement déployés dans la guerre des isles du vent, à St. Eustache & ailleurs; dans cette circonstance, dis-je, le marquis de Bouillé fut placé en embuscade à lauré d'un bois, à la tête de deux cents maîtres de dragon du régiment de la Ferronaye, avec ordre de charger la premiere colonne qui passeroit la route, que l'ennemi seroit forcé de prendre, ce qui effectivement arriva : au moment de sa prudence. Le marquis de Bouillé chargea sur 7 à 8000 Hanovériens, avec autant d'impétuosité que de succès. Cette défaite de l'ennemi lui valut l'honneur de porter au Roi les nouvelles de la victoire, ce qui lui mérita la promesse du premier régiment vacant & sans finance, & dans la campagne même il eut le régiment de Vexin. Cette retraite simulée, dont le succès est dû à la sagacité du chef & à la bravoure des soldats, doit passer pour une des plus heureuses dans l'art d'attirer l'ennemi dans le piege qu'on lui prépare pour se perdre lui-même.

REMARQUE XXIII. pag. 22.

PUISQUE toute nation doit s'attendre à des hostilités

(Voyez note 3. pag. 21.), peu importe une rivalité qui attaque, ou une rivalité qui se défende, peu importe une rivalité protectrice ou une rivalité protégée, peu importe une rivalité victorieuse ou une rivalité vaincue, pourvu que les motifs d'hostilités soient jugés selon les regles du droit des gens, conduit selon les talens & la prudence; quelques en soient les succès, la rivalité guerriere peut devenir le principe de la grandeur des nations respectives.

REMARQUE XXIV. *pag. 22.*

M. le maréchal de Castries a eu le bras fracassé d'un coup de feu, & la blessure honorable qui le distingue, fait l'éloge de sa valeur. M. le maréchal de Ségur, ministre, a reçu un coup de fusil à travers le corps, à la bataille de Raucour; il a eu le bras droit emporté à Laufeld. Vous tous illlustres morts, sur le champ de bataille, rien ne peut égaler votre gloire que vous-mêmes. Mais le nom du Chevalier d'Assas & les circonstances de sa mort, ne doivent échapper à aucun orateur qui ressent vivement les impressions de la valeur. Le Chevalier d'Assas est un de ces héros dans le régiment d'Auvergne, officier, chevalier de l'ordre royal & militaire de St. Louis, qui, à l'époque des guerres de Westphalie, s'est distingué jusqu'à la mort. Cet officier, placé en avant-garde pour préserver l'armée françoise des ruses de l'ennemi, au milieu des ténébres de la nuit la plus obscure, se poste à l'entrée d'un bois, où l'ennemi le saisit tout-à-coup au collet. Halte-là, lui dit-on, si tu parles tu es mort. Que pourra, que fera mon héros, ce que peut, ce que fait un officier françois. A moi Auvergne, dit-il, ce sont les ennemis. D'Assas, l'épée à la main, tombe quatre fois, mort percé de quatre coups mortels; il est mort en criant Auvergne, il a sauvé l'armée. Une couronne desséchée depuis mille ans de victoire, fleuriroit sur la tombe; que le laurier vienne ici rendre hommage au cyprès!

REMARQUE XXV. *pag. 24.*

C'EST à ses vertus humaines que Rome a dû le haut degré de gloire à laquelle elle est parvenue. Combien de nations, combien de grands hommes ont dûs & doivent leur bonheur temporel à leur bienfaisance, à leur humanité & à leurs vertus purement humaines.

CHARITÉ, ce n'est pas ici ta place, tes recompenses ne sont pas comme les recompenses de ce monde. Je m'arrête pour terminer ici l'ordre de mes réflexions.

FIN.

www.ingramcontent.com/pod-product-compliance
Ingram Content Group UK Ltd.
Pitfield, Milton Keynes, MK11 3LW, UK
UKHW020351250726
13967UKWH00005B/2217

9 782013 024013